国家出版基金项目
NATIONAL PUBLICATION FOUNDATION

记住乡愁
——留给孩子们的中国民俗文化

刘魁立◎主编

传统节日辑（一）

张 勃◎编著

清明节

本辑主编 刘晓峰

北 黑龙江少年儿童出版社

U0631398

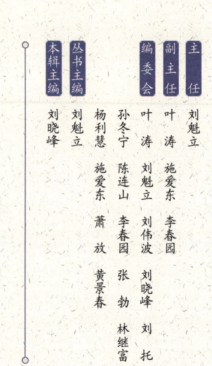

序

亲爱的小读者们，身为中国人，你们了解中华民族的民俗文化吗？如果有所了解的话，你们又了解多少呢？

或许，你们认为熟知那些过去的事情是大人们的事，我们小孩儿不容易弄懂，也没必要弄懂那些事情。

其实，传统民俗文化的内涵极为丰富，它既不神秘也不深奥，与每个人的关系十分密切，它随时随地围绕在我们身边，贯穿于整个人生的每一天。

中华民族有很多传统节日，每逢节日都有一些传统民俗文化活动，比如端午节吃粽子，听大人们讲屈原为国为民愤投汨罗江的故事；八月中秋望着圆圆的明月，遐想嫦娥奔月、吴刚伐桂的传说，等等。

我国是一个统一的多民族国家，有 56 个民族，每个民族都有丰富多彩的文化和风俗习惯，这些不同民族的民俗文化共同构筑了中国民俗文化。或许你们听说过藏族长篇史诗《格萨尔王传》

中格萨尔王的英雄气概、蒙古族智慧的化身——巴拉根仓的机智与诙谐、维吾尔族世界闻名的智者——阿凡提的睿智与幽默、壮族歌仙刘三姐的聪慧机敏与歌如泉涌……如果这些你们都有所了解，那就说明你们已经走进了中华民族传统民俗文化的王国。

你们也许看过京剧、木偶戏、皮影戏，看过踩高跷、耍龙灯，欣赏过威风锣鼓，这些都是我们中华民族为世界贡献的艺术珍品。你们或许也欣赏过中国古琴演奏，那是中华文化中的瑰宝。1977年9月5日美国发射的"旅行者1号"探测器上所载的向外太空传达人类声音的金光盘上面，就录制了我国古琴大师管平湖演奏的中国古琴名曲——《流水》。

北京天安门东西两侧设有太庙和社稷坛，那是旧时皇帝举行仪式祭祀祖先和祭祀谷神及土地的地方。另外，在北京城的南北东西四个方位建有天坛、地坛、日坛和月坛，这些地方曾经是皇帝率领百官祭拜天、地、日、月的神圣场所。这些仪式活动说明，我们中国人自古就认为自己是自然的组成部分，因而崇信自然、融入自然，与自然和谐相处。

如今民间仍保存的奉祀关公和妈祖的习俗，则体现了中国人崇尚仁义礼智信、进行自我道德教育的意愿，表达了祈望平安顺达和扶危救困的诉求。

小读者们，你们养过蚕宝宝吗？原产于中国的蚕，真称得上伟大的小生物。蚕宝宝的一生从芝麻粒儿大小的蚕卵算起，中间经历蚁蚕、蚕宝宝、结茧吐丝等过程，到破茧成蛾结束，总共四十余天，却能为我们贡献约一千米长的蚕丝。我国历史悠久的养蚕、丝绸织绣技术自西汉"丝绸之路"诞生那天起就成为东方文明的传播者和象征，为促进人类文明的发展做出了不可磨灭的贡献！

小读者们，你们到过烧造瓷器的窑口，见过工匠师傅们拉坯、上釉、烧窑吗？中国是瓷器的故乡，我们的陶瓷技艺同样为人类文明的发展做出了巨大贡献！中国的英文国名"China"，就是由英文"china"（瓷器）一词转义而来的。

中国的历法、二十四节气、珠算、中医知识体系，都是中华民族传统文化宝库中的珍品。

让我们深感骄傲的中国传统民俗文化博大精深、丰富多彩，课本中的内容是难以囊括的。每向这个领域多迈进一步，你们对历史的认知、对人生的感悟、对生活的热爱与奋斗就会更进一分。

作为中国人，无论你身在何处，那与生俱来的充满民族文化DNA的血液将伴随你的一生，乡音难改，乡情难忘，乡愁恒久。这是你的根，这是你的魂，这种民族文化的传统体现在你身上，是你身份的标识，也是我们作为中国人彼此认同的依据，它作为一种凝聚的力量，把我们整个中华民族大家庭紧紧地联系在一起。

《记住乡愁——留给孩子们的中国民俗文化》丛书，为小读者们全面介绍了传统民俗文化的丰富内容：包括民间史诗传说故事、传统民间节日、民间信仰、礼仪习俗、民间游戏、中国古代建筑技艺、民间手工艺……

各辑的主编、各册的作者，都是相关领域的专家。他们以适合儿童的文笔，选配大量图片，简约精当地介绍每一个专题，希望小读者们读来兴趣盎然、收获颇丰。

在你们阅读的过程中，也许你们的长辈会向你们说起他们曾经的往事，讲讲他们的"乡愁"。那时，你们也许会觉得生活充满了意趣。希望这套丛书能使你们更加珍爱中国的传统民俗文化，让你们为生为中国人而自豪，长大后为中华民族的伟大复兴做出自己的贡献！

亲爱的小读者们，祝你们健康快乐！

刘魁立

二〇一七年十二月

目 录

引子：清明节的双重身份

| 引子：清明节的双重身份 |

"清明时节雨纷纷，路上行人欲断魂。借问酒家何处有，牧童遥指杏花村。"

唐代大诗人杜牧的这首《清明》，可谓家喻户晓，它既描写了清明时节的天气状况，又描写了清明时节的风俗习惯，也很好地揭示了清明节的双重身份：清明节既是一个节气，也是一个节日。

节气是根据太阳在黄道（即地球绕太阳公转的轨道）上的位置来划分的。视太阳从春分点出发，每前进15度为一个节气；运行一

杜牧诗意

周又回到春分点，为一回归年，合 360 度，因此分为 24 个节气。二十四节气是我国古代民众在长期生产实践中不断求索、认知、总结的智慧结晶。最迟在殷商时代，就有了夏至、冬至的概念。西汉时期，完整的二十四节气系统正式形成，并被订入历法之中，此后一直是历法中的重要内容，直到今天，现行历法中还有二十四节气的踪影。二十四节气包括立春、雨水、惊蛰、春分、清明、谷雨、立夏、小满、芒种、夏至、小暑、大暑、立秋、处暑、白露、秋分、寒露、霜降、立冬、小雪、大雪、冬至、小寒和大寒，清明是其中之一，时间大约在公历 4 月 5 日前后。古人之所以将春分后的这一节气称为"清明"，是由于"万物生长此时，皆清洁而明净"

| 清明时节 |

的缘故。这个时候，桃红柳绿，春意盎然，天清气和，降水增多，正所谓"清明时节雨纷纷"。

但清明不仅是一个节气，还是一个节日。节日与节气不同，在于节气主要表现气候、物候的变化，节日则必须要有富于人文意义的特定活动。清明之所以能够称作一个节日，就是因为它有着许多富于人文意义的活动，比如扫墓、踏青、斗鸡、插柳、荡秋千、放风筝、准备和享用各种饮食等。杜牧

那首《清明》后三句所描述的就是扫墓、踏青习俗。

既是节气又是节日的双重身份，使清明节在流传至今的诸多传统节日中显得十分特殊。春节在农历正月初一，元宵节在农历正月十五，端午节在农历五月初五，七夕节在农历七月初七，中秋节在农历八月十五，重阳节在农历九月初九，这些节日的时间总是用农历来确定，只有清明节出现在阳历的 4 月 5 日前后。

清明节的传说和由来

｜一、清明节的传说和由来｜

清明节是如何出现的呢？让我们先来看一则民间传说。

春秋时期，晋国发生动乱，公子重耳流亡在外，介子推等几位大臣陪同随行。他们一路跋涉山水，经历了千辛万苦。有一次，众人找不到东西吃，重耳饿得奄奄一息，介子推就偷偷从自己大腿上割下一块肉，煮给重耳吃，救了重耳一命。经过十九年的颠沛流离，重耳终于重返晋国，登上王位，就

｜介子推塑像（右）｜

是赫赫有名的春秋五霸之一晋文公。晋文公对流亡期间跟随的诸大臣一一封赏，独独忘了介子推。后经人提醒才又想起，于是亲自带人到介子推的老家绵山探望。但介子推早已和母亲隐居山中。为了让介子推母子出山，晋文公下令放火烧山。大火烧了三天三夜，也不见介子推母子影踪。待火灭后，晋文公上山察看，发现二人已经烧死于一棵柳树之下。但见介子推身下压着一片衣襟，上面斑斑驳驳有几行血书："柳下做鬼终不见，强似伴君作谏臣。割肉奉君尽丹心，但愿主公常清明。倘若主公心有我，忆我之时常自省。臣在九泉心无愧，勤政清明复清明。"晋文公看罢，又难过又悔恨，珍重地

将这片衣襟放入袖中，并将这一天定为寒食节，通令全国不许动火，一律吃冷食。

第二年，晋文公带领百官到绵山祭奠介子推，先在山下寒食一日，第二日上山一看，去年那棵老柳又发出嫩绿的新枝，他百感交集地折下一把，编成柳圈儿戴在头上，群臣一见，纷纷效仿。这天正是二十四节气之一的清明，晋文公就封这棵柳树为清明柳，定这天为清明节。

晋文公、介子推是春秋时期（公元前770—公元前476年）的历史人物，这则传说也有一定的历史依据，但作为清明节起源的解释，又不完全可信。因为据学者研究，清明成为节日的时间是在晋文公去世1200多年后才建立的唐代（618年—

907 年）。

那么清明节在唐代是如何兴起的呢？这还真要和寒食节联系起来。

寒食节是一个出现于汉代的节日，最初主要的习俗活动是禁火（不能用火）、寒食（吃冷食），发展到唐代，寒食节就十分兴盛了，有着非常丰富的习俗活动，除了禁火、寒食、扫墓外，还有各种娱乐活动，如宴饮、踏青、斗鸡、走马、蹴鞠、拔河、荡秋千、插柳等，当时还就这个节日放好几天的假，人们也都非常看重它。有位诗人写道："天运四时成一年，八节相迎尽可怜。秋贵重阳冬贵腊，不如寒食在春前。"由于唐代寒食节的时间是在冬至后的第一百零五天，正好和清明节气相连接，许多习俗活动也就延续到清明节气进行，这样一来，清明就从节气演变成既是节气又是节日了。

清明节自产生起，地位就很重要，今天人们常把它与春节、端午节、中秋节一起并称为中国四大传统节

|晋文公复国图（局部）|

日。除汉族以外，我国阿昌族、白族、朝鲜族、苗族、土家族、彝族等少数民族也过清明节。清明节还传到了韩国、朝鲜、新加坡、马来西亚、印度尼西亚、越南等国，日本的某些地方也保留着"清明祭"的习俗活动。

清明节的习俗活动

| 二、清明节的习俗活动 |

不同历史时期清明节的习俗活动有所不同，但整体上看十分丰富，主要包括四类内容，一是祭扫习俗；二是娱乐习俗，包括踏青、荡秋千、放风筝、蹴鞠、斗鸡、插柳等；三是饮食习俗；四是农事习俗。此外，唐宋时期还流行改火的习俗。

一、千里祭祖：祭扫习俗

祭扫，是清明最重要的习俗活动，所以一些地方也把清明节称作扫墓节。

清明祭扫，最重要的是祭祖，就是祭祀具有血缘关系的祖先。祭祀他们是因为我们延续了他们的血脉，他们是我们生命的根源。

清明祭祖，也有人在家里进行，但主要的还是到埋葬祖先遗体或骨灰的墓地去祭，所以祭扫又叫祭墓、上墓、墓祭、上坟、拜墓。

为祖先扫墓通常都有一

| 清明祭祖 |

15

套讲究的程序。大致包括：

1. 整理坟墓。

整理坟墓，包括清理坟墓周围的杂草、垃圾，为坟墓添土（添坟），擦拭墓碑等。这首先具有净化空间的作用，能够为仪式的举行提供一个干净的场所。其次，也是表达对逝者尊重和关爱的方式。因为经过一年的风吹雨打，坟墓上的土往往流失很多，需要修补；而清明节后雨季很快到来，也需要加固以防夏天雨大漏水。

2. 摆放祭品。

祭品是祭扫时用的物品，主要包括食物、纸钱、酒、

| 古代清明祭祖 |

香、鞭炮等，现在许多地方，鲜花、花圈也成为重要的祭品。这些物品在祭祀仪式中有不同的作用，其中食品主要供祖先和逝者"享用"，各地的人们都特别重视食品的准备，力求丰富。但不同地方的食物多有不同，从而形成鲜明的地方特色。比如东北地区常见的祭品中有子孙饽饽、子孙饺子、水果、红烧方子肉（或者猪头、猪腿），还要有连头带尾的完整鱼一条。山西介休一带最主要的是"蛇盘兔"，这是一种形状为蛇盘在兔身上的面食，此外还有包豆子或红糖的馒头，寓意是红红火火，子孙后代兴旺。浙江嘉兴一带，粽子是重要的祭品，祭品摆放有一定的规矩，比如不能将鸡屁股朝向坟墓。

3. 燃香、烧纸。

点燃的香，会产生缭绕向上的烟气和四处弥散开来的气味。许多人认为燃香就是"报信儿"，能够告知祖先、逝者前来享用献祭。另外，燃香也有净化仪式空间的作用。纸钱的种类很多，有用草纸剪成的，有用金银箔纸叠成的元宝，还有印刷的仿真冥币。焚烧是"送纸钱"的重要方式，除了焚烧，还有抛撒、压纸、标墓等方式。所谓"有后人，挂清明；无后人，一光坟"。

文明祭扫

鞠躬礼

4. 祭拜。

在坟墓前，人们往往用肢体动作表达对逝者的感恩和缅怀之情。过去人们总要行下跪磕头的跪拜礼，现在也有人行鞠躬礼。

5. 聚餐。

祭扫完毕，参加祭扫的人往往聚在一起用餐，包括分享供品。按照习俗，人们相信祭扫之后，供品已被祖先享用，吃他们剩下的东西会受到他们的赐福和保佑。聚餐的地方各地不同，有的在家中或家族祠堂中，有的在田野风景优美处，有的就在坟墓附近。

复杂多样的祭扫程序，

17

充分表达了人们对逝者的无限敬意。

清明节除了祭祖，还祭奠对国家和社会做出贡献的人。每到清明节，就有成千上万的人到陕西桥山镇黄帝陵祭奠轩辕黄帝，到湖南炎陵县炎帝陵祭奠炎帝，四川都江堰还举行放水节，祭奠修建都江堰的李冰父子。各界人士还到烈士陵园为革命烈士扫墓，其中也包括学生。有一首《少先队员扫墓歌》，就是少先队员在扫墓路上唱的。歌中唱道："山鸟啼，红花开，阳光照大路，少先队员扫墓来。墓前想烈士，心潮正澎湃，意志如长虹，气节像松柏。头可断，身可碎，钢铁红心色不改。头可断，身可碎，钢铁红心色不改。东风吹，松枝摆，凝望烈士墓，烈士豪气依然在。革命传家宝，一代传一代，今日红领巾，正是第二代。革命火，传下来，朝阳花儿开不败！革命火，传下来，朝阳花儿开不败！"这首歌既反映了少先队员对革命烈士的崇敬缅怀之情，又反映了少先队员继承烈士遗志为中华崛起而奋斗的决心。

现代社会，由于科学技术的发达，又产生了网络祭祀等新的祭扫方式。人们可以不去墓地，而是在网络上表达心意。但无论什么方

| 清明祭扫革命烈士公墓 |

式的祭奠，都是纪念和感恩的仪式。清明节给人们提供了一种机会，让我们慎终追远，报本返始，缅怀逝者，来感谢给予我们生命血脉的祖先，感谢那些为民族的形成、文明的延续、国家的昌盛、人民的幸福、地方的发展做出贡献的人们，也感谢那些以不同的方式关爱我们、温暖我们的故去的亲人和朋友。

二、火燧知从新节变：改火习俗

唐代诗人韩翃有首脍炙人口的《寒食》诗："春城无处不飞花，寒食东风御柳斜。日暮汉宫传蜡烛，轻烟散入五侯家。"人们多认为这首诗意在讽喻皇帝对宦官的恩宠，但我们也可以把它

| 网络祭扫 |

看作是唐代的一幅节日风俗画，飞花、御柳、东风描绘出都城长安的浓浓春色，蜡烛、轻烟则呈现了寒食清明期间独特的改火习俗。

改火习俗在我国很早以前就有了，这一习俗的流行和古代的用火方式密切相关。古代人工取火既费时又费力，为了保证照明、炊饭、取暖等对火的方便使用，人们往往保存火种，使其昼夜不熄。这样一来，火就仿佛

有了生命。古人相信，火的生命力通过人对火的使用而影响人的生命力，而火的生命力是伴随着火的老化而逐渐减弱的。为了避免旧火的伤害就要定期改火，也就是选择特定的时间将旧火熄灭，重新取得新火。

最早的时候，改火并不在清明节进行，而且魏晋以后，改火习俗也逐渐消失了。但是到了唐代，人们又重新把这个古老的习俗活动恢复了。当时的做法是在寒食节到来时将旧火灭掉，形成"普

天皆灭焰，匝地尽藏烟"的局面，到清明节这天重新将火燃起。唐代有"百花如旧日，万井出新烟""寒食花开千树雪，清明日出万家烟"等诗句，都反映了清明节改火习俗的盛行。

改火的时候，人们特别强调要采用原始的钻木取火的方式，用的钻木主要是榆木和柳木，但也有用其他树木的，杜甫就曾提到"家人钻火用青枫"。清明节钻木取火，不仅一般百姓家要做，皇家也要做，而且特别安排宫廷里负责饮食的年轻人在宫殿前举行钻火比赛。谁先钻得新火，谁还能得到丰厚的奖励，奖品包括三匹绢和一个金碗。钻来的新火要献给皇帝，皇帝将新火分赐给王公大臣。前文提到韩翃的

| 钻木取火 |

《寒食》诗，里面说"日暮汉宫传蜡烛，轻烟散入五侯家"描写的就是赐新火时的动人场景。

| 中国（开封）清明文化节 |

"火燧知从新节变。"新火的点燃，牵动了诗人的无数情思，也令人们感受到春光的美好，反映了人们对"将以明而代暗，乃去故而从新"的真诚追求。

宋代时，民间和宫廷中还举行改火活动，赐新火的仪式也延续下来。著名文学家欧阳修就写过："踏青寒食追游骑，赐火清明忝侍臣。"的诗句，表达了得到赐火的喜悦心情。元代以后，改火的习俗渐渐消失，赐新火的仪式也不再举行了。不过近年来，中国（开封）清明文化节上多次通过艺术表演形式再现了颁赐新火的古老传统，虽然只是表演，却也让人们对这个已经消失的习俗活动有了更多了解。

三、游子寻春半出城：娱乐习俗

清明节是一个春天的节日。春回大地，万物复苏。桃花杏花争相开放，柳枝抽出嫩绿的枝芽，燕子也从南方飞回来，人们迫不及待地脱下冬装，到处寻找春天的足迹，感受生机盎然的美好。人们在清明节举行多种多样的娱乐活动，既亲近了自然，又为单调的生活增加了许多乐趣，人们的体魄和心智也在其中得到锻炼。

踏青、荡秋千、放风筝、斗鸡、蹴鞠、插柳是清明节普遍流行的娱乐活动，此外，各地往往还有一些其他娱乐方式，如拔河、斗草、抓子、打瓦子、踢毽子等，同样给人们带来许多欢乐。

值得注意的是，自唐代以来，每到清明节，常常在一些地方形成特定的"场"，场上汇聚多种娱乐活动。如民国时期河南郑县汴河一带，"桃柳荫浓，红翠间错，走索飞钱，踢水撒沙，吞刀吐火，跃圈抛球，并诸色禽虫之戏，纷纷杂集。钱塘里左右，有为临安雀竿之戏者"。时至今日，在一些地方举办的清明文化节上，为了丰富节目内容，促进传统娱乐活动的传承与发展，自觉地将多种娱乐活动融汇在一起，形成清明的"娱乐场"。比如开封清明文化节期间的清明上河园，就是如此。

| 春风得意【杨柳青年画】 |

|生机盎然|

清明节时处生机盎然的春季，也是阴气下降阳气上升、阴阳相争之时，诸多娱乐活动都在户外进行，并具有较强的竞斗色彩，既使人们亲近了自然，又使人们的体魄和心智得到锻炼，还具有辅助阳气上升的意义。

1.老少踏青，耳聪目明

踏青，也叫踩青、春游，是清明节非常普遍的习俗活动。踏青，是对大自然的亲近。踏青的人们可以采掘沾着晶莹露珠的鲜嫩野菜，可以欣赏各色各样的美丽花朵，可以蹲在清澈见底的小溪边钓钓鱼，可以在温暖的阳光里打几个滚。徜徉在风和日丽、空气清新、风景如画的大自然中，能使人心胸开阔，疲劳消除，精神振奋。民间有谚语："老小踏青，耳聪目明。""老人踏青，返老还青。""清明踏了青，不患脚疼病。"等等，都很好地揭示了踏青具有的特殊保健作用。

踏青习俗起源非常早，春秋时期的郑国，就有很多踏青的人。而我国伟大的思想家、教育家、儒家学派的创始人孔子，也特别喜欢春游。有一次，孔子和自己的几个弟子一起聊天，问起他们的志向。其中有个叫曾点的说："暮春者，春服既成，冠者五六人，童子六七人，浴乎沂，风乎舞雩，咏而归。"意思是：暮春三月，穿上春衣，约上五六个成人、六七个小孩，在沂水里洗洗澡，在舞雩台上吹吹风，一路唱着歌回家。孔子听后，赞叹地说："我和曾点一样呀！"

踏青是代代流传的习俗，但一开始并不在清明节。唐代以后，随着清明节的形成和地位的上升，踏青才逐渐成为清明节的习俗内容。每到节日来临，人们纷纷走出户外，走到绿草茵茵、鲜花绽放的田野或园林之中，唱歌跳舞，尽情享受大好春光，以至于原本空旷的田野

《丽人行》

变得就像集市一样热闹。

除了能够欣赏许多美丽的自然景色，踏青的人们往往还能看到许多平时见不到的玩意儿。如果你生活在六七百年前的杭州，清明节这天来到苏堤一带，你就一定能买到许多好吃的食品和好玩的东西，还能看到各式各样的杂技表演，有走索、骠骑、飞钱、抛钹，有踢木、撒沙、吞刀、吐火，还有跃圈、筋斗、舞盘等。如果你是生活在六七百年前的北京，清明节这天来到"高粱桥"一带，也能看到精彩纷呈的杂技表演。令人大开眼界。比如一种叫扒竿的杂技，扒竿人在地上树立一根三丈高的竹竿后，光着身子爬到竿顶，用手按竿，整个身体倒立空中，又用肚子顶在竿上，四

| 清明上河图（局部） |

| 《惠风归咏图》 |

肢张开，整个身体在空中旋转，种种惊险动作，让人看得目瞪口呆。

清明踏青，男女老少汇集到一起，大家就有了更多相识交往的机会，一些有趣的故事就会在这个时候发

《人面桃花》
【张树德绘】

生。"人面桃花"的故事就来源于此。话说唐朝有个读书人叫崔护，到京城参加考试落榜了，清明节的时候独自到城郊踏青，一路走来，渴得厉害，就到一户人家要杯水喝。这家里只有一个女孩，她打开门，端水给崔护喝，自己则倚着桃花，情意绵绵地看着崔护。第二年的清明节，崔护想起去年的往事，十分思念，又前往探视，只见门院还和去年一样，但上了锁。崔护惆怅万分，就在门上题诗一首："去年今日此门中，人面桃花相映红。人面不知何处去，桃花依旧笑春风！"这就是成语"人面桃花"的由来。

2. 绿杨影里戏秋千

"满街杨柳绿似烟，画出清明三月天。好似隔帘红杏里，女郎缭乱送秋千。"这是唐代诗人韦庄的诗作，在这里，绿色的杨柳、美丽的花树和荡秋千的女子，共同构成一幅动人的清明风景画，不由人心向往。

荡秋千是许多人都十分喜欢的娱乐活动。不过最早的时候，秋千可不是用来玩耍的，而是用来训练将士身手和攀援本领的军事工具。最早它只流行在北方，后来才被带到中原地带，并逐渐演变成为一种深受欢迎的娱乐设施。

唐代时，清明节荡秋千就已经十分兴盛了。当时的人们将它称为"半仙之戏"。如果看一看当时人们对荡秋千情景的描写，称作"半仙之戏"真是精准而富有创意呢。"长长丝绳紫复碧，袅袅横枝高百尺。"长长的秋千索是彩色的，高高地搭在秋千架上。最爱荡秋千的是那些处在人生最美丽年华的青年男女。他们聚集在一起，轮流将秋千荡起。只见他们张开双臂，像鸟儿一样忽上忽下。就这样玩着玩着，荡秋千不再是悠闲的嬉戏，而成了一种颇具火药味的竞技：那些争强好斗的人一定

| 荡秋千 |

27

|年画《荡秋千》
【李慕白绘】|

要比试个谁高谁低。这时候，荡秋千不再靠别人的推送，而完全凭借个人的技艺。这真是一番惊心动魄的较量，秋千上的人凌空飞扬，衣袂飘逸，怕的是不能荡得再高一点。看的人如痴如醉，心痒不已，恨不得也立刻上去大显身手，一展风姿。此时的秋千仿佛成为了擂台，那真是长江后浪推前浪，一浪更比一浪强，不断有人参与到比赛中来，也不断有后来者取代前一个赢家成为新的胜利者……

到了宋代，荡秋千依然盛行，"稚子就花拈蛱蝶，人家依树系秋千"是极其常见的事情。不仅如此，追求精致生活的宋代人还发展出"水秋千"的新花样。据资料记载，清明节前后，都城汴京的金明池里就举行水秋千表演。一时间，上自皇帝宫妃、王公大臣，下至黎民百姓，都纷纷前来观看。表演之前，要先在水中两艘雕画精美的大船船头上竖起高高的秋千架。表演开始，船上鼓乐齐鸣，此时只见一个人登上秋千奋力荡来荡去，等到他荡到和秋千架齐平时，突然松开手，跃入水中，引来阵阵喝彩。此时船尾处还有"上竿"的杂技表演。

所谓上竿，就是在船上用两张长凳叠起一张条案，案上一人仰卧，脚蹬高竿，一人爬上竿顶，手展长幡，上书"庆国泰民安，贺风调雨顺"字样。水秋千姿势优美，惊险刺激，成为当时最受欢迎的项目之一。宋代以后，荡秋千的习俗无论在宫廷还是民间都继续流行，人们甚至将清明节称为"秋千节"。故宫博物院至今收藏着一架供后妃们玩荡的木秋千踏板，呈长方形，长60厘米，宽15厘米，厚2.5厘米，两侧有直径8.5厘米的铁环，上系直径2厘米的棉粗绳，由此可以遥想当年的热闹与乐趣。

秋千有多种式样，有的非常简单，在两树之间拴一绳，即可以摆荡，有的则

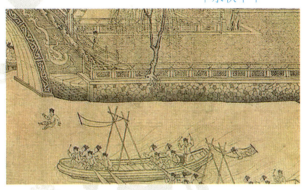

| 水秋千 |

十分复杂。陕西合阳县黑池镇南社村的秋千十分有名，2011年南社秋千还被列入陕西省非物质文化遗产项目名录，其样式有多种，如三状元秋千、天平秋千、轮儿秋千、过梁悠等等。搭秋千是个力气加技术的活，一般只有小伙子才能胜任。过去，清明前两三天，合阳一带的年轻姑娘们会选出两三个代表，挨家挨户地收鸡蛋，将其炒熟，或者做成荷包蛋，让小伙子们先美美地吃上一顿，然后请他们帮忙缚秋千。

当秋千架树起时，则要放串鞭炮辟邪，并在两根立柱上贴一副红红的对联。清明过后落秋千架时也要放鞭炮，表示圆满结束。

荡秋千可以为人们带来十分特殊的感受。或站或坐在荡板之上，推送之下，秋千荡起，身子就如同长了翅膀，飘飘然飞起来，忽上忽下，忽前忽后，空中和地面随着晃动而变形，有点儿紧张，有点儿害怕，有点儿头晕，有点儿目眩，有点儿恍恍惚惚不知所在，却又那样的轻松自由……在一些地方，秋千还被认为具有预防和治疗疾病的作用，比如山东东明一带将荡秋千称作"摆疥"，认为可以不得疥疮。在陕西合阳，人们认为荡秋千有助于身体健康，还能锻炼小孩子的胆量。

我国是个多民族国家，秋千之戏并非仅在汉族中传承，朝鲜族、维吾尔族、柯尔克孜族、纳西族等许多少数民族都有荡秋千的风俗。自1986年起，秋千还被列为我国少数民族传统体育运动会的比赛项目，这从一个角度反映了荡秋千的巨大魅力。

3. 杨柳青，放风筝

"杨柳青，放风筝。"风和日丽、杨柳垂丝的清明时节是放飞风筝的季节。五颜六色飞舞的风筝是晴空中

|荡秋千邮票|

最亮丽的风景。

风筝又叫风鸢、纸鸢、纸鹞、鹞子等。风筝是如何产生的呢？两千三百多年前，春秋战国时期有位叫作墨子的大思想家，据说，他花了三年时间，用木头做成了飞鸟，但只飞了一天就坏了，不过这种"木鸢"是不是后世所谓的风筝，我们现在很难判断。

大约和墨子同时期稍晚一些，有一个叫作公输班的大发明家，就是我们常说的鲁班。据说他总结墨子的经验和教训，觉得用木料做骨架太重了，所以改用竹子。他用竹子做成喜鹊的样子，放飞之后，三天都不会落下来。

又据宋代高承编撰的《事物纪原》记载，风筝是

| 鲁班纪念馆 |

| 鲁班图 |

韩信发明的。刘邦攻打陈豨的时候，韩信欲谋造反，就发明了纸鸢，用纸鸢来测量未央宫的距离，以便挖地道进入宫中。

还有一则有关风筝的史料：《北史》记载，文宣帝高洋疑心大臣和世家勋族

| 风筝邮票 |

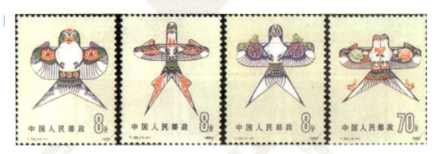

造反，在天保十年大肆诛杀元世哲等二十五家，并囚禁其余十九家。为了生存，元世哲的从弟黄头，带领众囚犯乘"纸鸱"从金凤台上飞走，而众囚犯中只有他技术高超，飞到紫陌才落下来。

以上基本就是古籍中唐以前有关风筝的所有记载，只有寥寥几条。从唐代开始，有关风筝的记载逐渐多了起来。

从现在的资料来看，唐以后，风筝"飞入寻常百姓家"。风筝得到了真正发展和普及，无论是材料、造型还是用途，都和之前大不一样，相关的记载也开始变多了。唐代开始，一直被用于军事的风筝，开始转变为民间娱乐玩具。以前风筝发展不快的原因，其实和书籍类似。唐代中期，造纸业得到进一步发展，从而促进了风筝的流行。之前的风筝，有丝帛做的，有纸做的，成本偏高，民间虽然也有使用，但是受制于材料的成本，不会太普遍。造纸业兴起后，材料由丝绢转为纸张，制作工艺也转为纸糊。

风筝的形制各式各样，有串式风筝、桶形风筝、板子风筝、硬翅风筝、软翅风筝以及自由类风筝等多种类型。不同地方，也形成了自己的特色。根据资料记载，扬州的风筝，"大者方丈，尾长有至二三丈者。式多长方，呼为'板门'；余以螃蟹、蜈蚣、蝴蝶、蜻蜓、'福'字、'寿'字为多。次之陈妙常、僧尼会、老驼少、楚霸王及欢天喜地、天下太平属"，既有动物，又有人物，还有一些吉祥字样，表达了人们对美好生活的向往和憧憬。北京的风筝最有名的是沙燕，其他还有哪吒、刘海、哼哈二将、两人闹戏、蜈蚣、鲇鱼、蝴蝶、蜻蜓、三阳开泰、

七鹊登枝之类，也是惟妙惟肖，奇巧百出。山东潍坊是当今公认的世界风筝之都，1984 年创办了潍坊国际风筝节，每年于 4 月举行，是我国设立最早、连续举办时间最久、影响最广、经济和社会效益最好的知名节庆会展活动之一。当地的风筝历史悠久，花样繁多，很早就形成了风筝的交易市场，正所谓"风筝市在东城墙，购选游人来去忙"。

为了让放风筝更加有趣，有些人还给风筝配上藤弓或装上葫芦哨，这样就能在空中发出响声。还有些人

| 风筝邮票 |

| 夜空中的风筝 |

在风筝尾部系上一个或几个小灯，黄昏夜晚时候放飞，遥遥望去，明明灭灭，闪闪烁烁，十分动人。清代张劭的《纸鸢》诗就描绘了这一情景："众簇春郊放纸鸢，踏歌凝笑线牵连。影驰空碧摇双带，声遏行云鼓一弦。避雨寻来芳草地，乘风游遍艳阳天。黄昏人倚楼头看，添个灯笼在天边。"

放风筝，不同地方有不同的讲究和放法。山东曲阜一带放风筝忌讳风筝断线后飘落居民家中，认为不吉利。为驱除不吉，会将风筝压在磨盘下三天。在江苏常州一带，清明节这天是春天放风筝的最后一天，叫作"放断鹞"。在天津，人们将绳剪断，任凭清风吹走，据说这样可以消灾免难。这与《红楼梦》《林黛玉重建桃花社史湘云偶填柳絮词》一回中对放晦气的描写十分相像。在浙江杭州，常有年轻人竞相放飞风筝，让各自的风筝缠绕在一起，根据风筝线先断后断来判断输赢。

放风筝是一项有益的娱乐活动，不仅能强身健体，益智明目，还能愉悦心情。清明时节，沐浴着春日的阳光，在如茵的草地之上放飞风筝，奔跑欢叫，什么烦恼、什么忧愁，都一股脑儿随风筝飞向天空去了。

"东风袅袅，吹送纸鸢高。筝儿轻巧，捷足上云霄。悠然独步，超出红尘表。"这是风筝的飞翔，这是风筝的舞蹈，那样飘逸，那样逍遥。趁着春风骀荡，让我们快去放飞一只属于自己的风筝吧。

4. 剑心一动碎花冠

呆若木鸡是一个大家非常熟悉的成语，一般用来形容一个人有些痴傻发愣的样子，或因恐惧或惊异而发愣

的样子，明显带有贬义。但它最初却是一个褒义词，指代一种很高的境界，只有精神内敛，修养到气度非凡，宁静沉着，不畏不惧，才配得上这个词。而这个成语的来历就与斗鸡活动有关。

据《庄子》记载，有个叫纪渻子的人为齐王养斗鸡。养了10天后，齐王问有没有训练好。纪渻子说："还没有。它一看见别的鸡就跃跃欲试。"过了10天，齐王又问。纪渻子回答说："还不行。还和原来差不多。"又过了10天，齐王又问，纪渻子说："还不行。心神

汉代斗鸡画砖

|唐明皇斗鸡图|

还相当活跃，火气还没有消退。"再过了10天，齐王又问。纪渻子说："现在差不多了。即使别的鸡叫，它也能毫无反应，看起来像木鸡一样，这样就训练到家了。别的鸡一看见它，准会转身逃跑，斗也不敢斗。"

这则故事反映了至少战国时期已有斗鸡活动，而且已经总结出训练斗鸡的丰富经验。而在当时的齐国都城临淄，斗鸡走狗的人遍地皆是。秦汉以来，爱好斗鸡的，从皇帝到平民，更是屡见不鲜。

斗鸡起初并没有相对固定的时间，但魏晋南北朝时期，已主要在春季举行，南朝宗懔在他的《荆楚岁时记》中已经明确指出斗鸡是寒食节期间的重要活动，所谓"寒食，挑菜，斗鸡"。

唐朝是清明斗鸡活动的

黄金时代。在皇帝的带领下，全社会掀起了斗鸡之风，人人以弄鸡为事，一些富贵之家甚至为买一只好的斗鸡而倾家荡产。在这些皇帝之中，唐玄宗大概是最爱斗鸡的，他专门设立了鸡坊，又在都城长安搜罗到许多雄鸡，养在里面，同时选拔了五百个年轻的士兵进行专门的训练饲养。当时有个叫贾昌的孩子，深知斗鸡的特点，训鸡本领高超。每到清明节，唐玄宗和他的妃嫔们都会欣赏贾昌指挥的斗鸡表演。届时，贾昌戴着雕翠金华冠，穿着锦袖绣襦袴，手里拿着指挥用的器具，将众多斗鸡带到广场之上。斗鸡们在他的指挥下做出种种动作，或扇动翅膀，或磨磨嘴巴。待斗鸡结果出来，胜利的鸡就自动

| 斗鸡 |

走在前面，失败的鸡就自动跟在后面，非常有秩序地退出赛场。贾昌备受玄宗喜爱，赏赐有加。斗鸡表演虽然精彩，但一个统治者过分沉溺于这样的娱乐活动，对国家来讲毕竟不是好事，所以当时有一首流行的《神鸡童谣》对此加以讽刺，童谣唱道："生儿不用识文字，斗鸡走马胜读书。贾家小儿年十三，富贵荣华代不如。"

唐朝以后，斗鸡之戏仍然广为流行。比如南宋都城临安的园林花苑中，就专设有斗鸡项目。著名诗人陆游在成都也有过目睹"斗鸡南市各分朋"的经历。但因为各种原因，近代以来，清明斗鸡的习俗渐渐消失。但近几年随着传统民间节会活动的恢复，国内各地斗鸡游艺又见兴盛，人们又可以亲眼目睹到精彩的斗鸡比赛，只是时间上并不一定在清明节期间。

作为一种动物斗戏，斗鸡有其特殊的观赏性和独特魅力。斗鸡是鸡与鸡之间的争斗。赛场之上，"剑心一动碎花冠，口血相污胶彩翼。"威武的两只斗鸡腾挪跳跃，短兵相接，互不相让，被鲜血染红的羽毛混杂着尘土四处飞扬。但斗鸡活动带给人的感受又并非如此简单。虽然体力不支，虽然遍体鳞伤，但只要站着，斗鸡们就坚守自己的阵地，若是敌手来犯，它必不顾性命地冲上前去……许许多多的观赏者在两鸡的搏斗中知道了什么叫斗志昂扬，什么叫英勇不屈。正如一首描写斗鸡的诗说的那样："斗鸡使懦夫产生勇气，使逃兵变得临死不惧。斗鸡也使人机智多谋，让他们的生活充满生机。"

5. 鼓笛声中度彩球

足球，是全球体育界最具影响力的单项体育运动之一，有"世界第一运动"的美誉。那么足球起源于何时，又起源于何地呢？关于这个问题一直存在争论，直到 2004 年国际足联宣布：中国古代的蹴鞠就是足球的起源，齐国都城临淄（今山东淄博临淄）就是世界足球的发源地后，对此事的争论才得到平息。

对于这个宣布，中国人盼望已久，也当之无愧。因为蹴鞠在我国至少已有两千多年的历史。

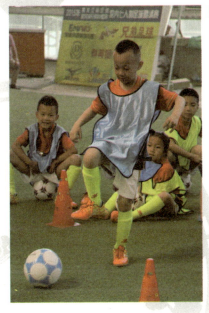

|足球小将|

蹴鞠，也作蹋鞠、蹴球、筑球、踢圆、圆情等，就是踢球的意思，传说是黄帝为训练军队而发明的一项活动。至少战国时期已经流行，它和吹竽、斗鸡、走狗、弹琴、六博等，同是齐国都城临淄老百姓的休闲娱乐活动。

汉朝时，喜欢蹴鞠的大有人在，桓宽在著名的《盐铁论》中列举当时的奢侈淫

| 六博图 |

逸、游手好闲之风，其中便有"康庄驰逐，穷巷蹋鞠"一条，由此可见蹴鞠的风行程度。据史料记载，汉代开国皇帝高祖刘邦的父亲就是位蹴鞠迷。刘邦当上皇帝以后，将父亲接到都城长安来当上了太上皇，可是父亲并不高兴，原来是他留恋老家新丰的生活，忘不了那里的"屠贩少年，酤酒卖余，斗鸡蹴踘"。为了讨父亲欢心，刘邦就下令在长安附近专门设置了个"新丰"，将老家的人和动物都迁到这里，这样一来，太上皇又有蹴鞠、斗鸡活动可看了，这才高兴起来。尤其引人注目的是，这时候，女子们也加入蹴鞠活动之中。在河南南阳出土的《乐舞百戏》画像石上，就有一个高髻长袖的女子在舞乐伴奏下两脚各蹋一鞠，姿态相当优美。

在汉代，蹴鞠并非只是一项平民百姓参与的娱乐活动,同时还是提高士兵作战素质和技能、强化士兵攻守意识的军事训练活动。当时的蹴鞠主要有两种形式,一种是非对抗性的,以表现个人技巧为主;一种是多人参加的对抗性竞赛。前者活动方便,不受场地限制;后者多在专门的球场(称作鞠城、鞠域或鞠室)里进行,而且有严格的比赛规则,对裁判也提出了不徇私情、秉公而断的要求。

起初,蹴鞠没有相对固定的时间,大约到南北朝时期,开始比较集中于寒食节期间进行。至唐代,"寒食(清明)蹴鞠"已成为流行广泛的习俗活动,正如著名诗人杜甫《清明》诗中所说:"十年蹴鞠将雏远,万里秋千习俗同。"

唐代"寒食(清明)蹴鞠"的盛行,客观上促进了蹴鞠的发展,当时,不仅鞠的制作有了改进,蹴鞠的方法内容也有较大变化。早期的鞠是以皮革制作的实心球,所谓"以皮为之,实以物,蹴蹋之以为戏也"。唐代的鞠则是具有球皮和球胆的气球了。由于鞠的制作方法发生变化,球体变轻,能够踢高,当时人们就以踢高为能事。相传,有个叫张芬的女子常常在福感寺蹴鞠,她的技艺很高,常常"高及半塔",被称赞为"曲艺过人"。因为球总

唐代女子蹴鞠图

是被踢往高处，于是就出现了"万人同向青霄望，鼓笛声中度彩球"的盛大场面。

在蹴鞠形式上，主要分有球门的和没有球门的两种。没有球门的蹴鞠俗称"白打"，原是两人对踢，后来发展为三人角踢，四人、五人直至十人的轮踢，十分讲究技巧，有所谓"脚头十万踢，解数百千般"的说法。有球门的比赛叫"蹴球"，球门设在场地中央，在两根高高的竹竿上结网为门，根据两队射门次数的多寡来判断胜负。

宋代的人们仍然十分喜欢清明蹴鞠，有人因为球技好就受到青睐和提拔，和唐代斗鸡小儿的命运十分相像。比如有个叫柳三复的人，考中进士后想见宰相丁谓，但苦于没有门路。有次听说丁谓在后园蹴球，柳三复就

| 蹴鞠图 |

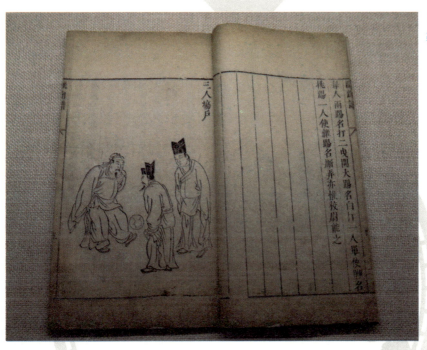

去碰碰运气。当丁渭把球踢出园外的时候，柳三复就把球送回来，丁渭知道后要见见柳三复。柳三复于是怀揣自己的文章，头顶着球进了门来。见了丁渭先是拜了三拜，然后从怀中取出诗文呈上，又拜了两拜。每弯身拜时，头上的球就转到背臂间，等他直起身时那球又跑到头上。丁渭见此十分惊叹，就留他作了门下客。

当时还出现了足球组织——球社。参加球社的人，一定要遵守社规，如不许做"人步拐、退步踏；人步肩、退步背"等危险动作。"齐云社""圆社"是当时有名的球社，当时流传着"若论风流，无过圆社""天边自结齐云社，一簇彩云飞便停"的话语，都是对球社的高度评价。

这时，鞠的制造工艺又有提高，球壳用香皮十二片"密砌缝成，不露线角"，越来越接近圆满完美。"十二香皮，裁成圆锦，莫非年少堪收。绿杨深处，恣意乐追游。低拂花梢慢下，侵云汉月满当秋。堪观处，偷头十字拐，舞袖拂银钩。肩尖并拐搭，五陵公子，恣意忘忧。几回沉醉，低筑傍高楼。虽不遇文章高贵分左右，曾对王侯。君知否？闲中第一，占断是风流。"在传统社会，

曾经不分城市乡村，不分高低贵贱，不分男女老少，人们都能在参与和观赏中体验到清明蹴鞠的魅力，蹴鞠也成为传统社会寒食清明节中最亮丽的一道风景。

然而，清代以后，蹴鞠活动就渐渐衰落了，清明蹴鞠更走向消亡。所幸的是，近几年来，伴随着蹴鞠被公认为足球运动的前身，伴随着国人对于传统文化的日渐重视，古老的蹴鞠活动又重新出现在中华大地上。2015年10月23日，国家主席习近平在英国首相卡梅伦的陪同下，参观曼彻斯特城市足球学院，并观摩了俱乐部一线球员的训练比赛。俱乐部球员代表向习近平赠送了球衣。2016年的清明节来临之际，临淄蹴鞠队的队员们

| 四片仿古蹴鞠 |

来到学校为小学生们现场表演，与老师、学生们一起共同感受传统文化的魅力。

6.清明不戴柳，红颜成皓首

用柳是清明节的一项重要习俗活动，以至于清明节又被称为柳节、插柳节。

清明节用柳习俗大约始于唐代，一直传承不衰，播布区域也十分广泛。那么清明节是如何用柳的呢？

首先就是用于改火习俗。唐宋时期清明节改火，都用钻木取火的方式，所用钻木主要就是榆木和柳木，所以当时有诗咏道："榆柳芳辰火，梧桐今日花。"

其次就是插柳，这是十分常见的用柳方式，即将折取的柳枝插在特定的地方，通常是门上或屋檐下。这一

做法在宋代就已经蔚然成俗了。人们往往在清明节到来前几天，就将柳枝插满屋檐。柳枝青青可爱，总能营造出一片生机盎然。由于插柳的人太多，当时就有人写诗劝道："莫把青青都折尽，明朝更有出城人。"

关于为什么要在门前插柳，还有一个十分动人的传说。相传在一次行军途中，

唐代农民起义军领袖黄巢，看到一个妇女，身上背着一个十多岁的男孩，手里挽着一个五六岁的小男孩，艰难地在路上行走，他感到十分纳闷，就上前询问："大孩子身重，小孩子体轻，你为什么背大的不背小的呢？"妇人回答说大男孩是兄长家的孩子，小男孩是自己亲生，兄长已死，所以要背着他。

|黄巢像|

若是有兵追来，就丢弃小的，背着大的逃命。黄巢看到妇人如此仁义，很受感动，就让妇人在家门上插柳枝作为记号，并告诉手下士兵不要侵扰插柳枝的人家。那妇人回家后告诉了乡里乡亲，于是家家户户都在门上插了柳枝，果然没受侵扰。这天正好是清明节。为了纪念这件事，每到清明节，人们就在门前插柳。这则民间传说揭示了仁义道德的巨大力量。

除了门上插柳，有些地方的人们也会在寝室、床头、窗户、灶台上，甚至坟上插柳。从前无锡一带的农民还会在门前晒场周围、自家农田的田埂旁插柳，认为有利于庄稼生长，有"清明插绿柳，稻麦长过头"的说法。

戴柳是又一种常见的用

柳方式。关于如何戴柳，因
地因人有所不同。有的戴在
头上，有的挂在项间，还有
的插在衣服上。有的直接用
柳枝、柳叶，有的则用柳条
编成的柳圈或者捋成的柳球。
比如在辽宁，小孩子会将嫩
柳枝编成柳圈，戴在头上，
叫作"柳树狗"。更为有趣
的是，一些地方不仅人戴柳，
小猫小狗等动物也要戴柳，
沾点春天的颜色和气息。

　　清明节的时候，人们还
会将柳枝做成柳哨，嘀嘀吹
起来，就奏响了春天的乐章。

　　人们为什么要在清明节
插柳呢？追根溯源，还得从
柳树的特性说起。

　　一方面，柳树具有强大
的生命力和旺盛的繁殖力。
俗话说："有心栽花花不发，
无心插柳柳成荫。"就反映

| 柳哨 |

了这一特性。柳树插土就活，
插到哪里，活到哪里，年年
插柳，处处成荫。传说，这
样的特性是连妖魔鬼怪都害
怕的，所以柳树有"鬼怖木"
的别称。在人们心中，柳树
具有"含精灵而寄生兮，保
休体之丰衍"的强大力量，
能令人不老。"清明不戴柳，
红颜成皓首""胡不戴柳，
须臾黄耇"，说的都是这个
意思。

　　另一方面，在众多植物
中，杨柳抽丝发芽是较早的。
这一特性不仅使柳树（包括
柳枝、柳叶、柳絮）成为盎

| 门前插柳 |

| 柳絮 |

然生机的载体，还成为春天
到来的象征。当春寒料峭、
万物仍然萧索的时候，用绿
莹莹的柳条装饰家门也好，
装点自己也好，都让世间多
了春的气息。清明用柳，是

对生命的礼赞，是对春天的
欢迎。

清明节除了用柳之外，
还使用其他植物。比如在江
苏苏州，人们习惯在门上插
桃树枝。云南省金平县龙骨
乡的瑶族妇女则头插鲜花。
在浙江，各地小孩有头戴柳
枝花草的习俗，认为戴葱
头会聪明；戴豆花能明目；
戴柳叶有好娘舅；戴黄杨有
好爹娘；戴香荠有好兄弟；
戴艾叶能消灾。在海南，妇
女簪石榴花，认为可以避
免害眼。无论用什么植物，
习俗本身都包含着人们对
于幸福生活的祝愿和美好
未来的憧憬。

四、清明吃了青，走路一身轻：饮食习俗

饮食习俗是传统节日

的重要内容。通过相应的食俗烘托节日气氛，加强亲族联系，调适自身生活，促进身体健康，表达人生诉求，是中国节日文化的一个重要特征。

　　由于时代变迁，清明节饮食习俗在不同历史时期有所不同。受自然环境和文化传统的影响，不同地方的清明节饮食也有较大差别，因为人们总是因地制宜、因时制宜、因俗制宜，从而形成富有地方特色的清明食品。大体而言，南方是稻作文化，清明节食品就多以稻米或米粉为原料，制成青团、麻糍、清明粑、清明馃、清明糯、五色糯米饭、软曲粑、清明粽、麦芽塌饼、茧圆子等；北方以种植小麦为主，兼种五谷杂粮，清明节食品就多

| 青团 |

| 子孙饽饽 |

| 麻糍 |

| 馓子 |

以麦面、玉米面、杂粮面粉为原料，制成多打、子孙馈馈、子孙饺子、馓子、炒面、子推馍、子推燕、蛇盘兔、红豆馍、燕燕、石头饼、娃女子、野狐子等。

清明节的食品不同于平常生活中的食品，常被作为祭祖祀神的供品来使用，也作为礼物送给左邻右舍亲朋好友，促使人们加强沟通、联络感情。不仅如此，清明节的食品往往蕴含着人们的美好诉求，是"有意味"的食品。比如在浙江桐乡，有

| 蛇盘兔剪纸 |

"清明大似年"的说法，十分重视清明节这天全家团圆吃晚餐，饭桌上总少不了这样几个传统菜：糯米嵌藕、炒螺蛳、发芽豆和马兰头，每样菜都有寓意。吃藕是祝愿蚕宝宝吐的丝又长又好；吃炒螺蛳，并把吃剩的螺蛳壳往屋里抛，据说声音能吓跑老鼠，毛毛虫会钻进壳里做巢，不再出来骚扰蚕。吃发芽豆是博得"发家"的口彩，吃马兰头等时鲜蔬菜，则是取其"青"字，以合"清明"之"青"。蛇盘兔是山西介休一带的清明食品，俗话说："蛇盘兔，必定富。"蛇盘兔显示着人们对富有的追求。山东菏泽一带过去在清明节常吃一种叫"多打"的食品。吃前要先围着打麦场转几圈，边转边念

叼着："多打多打神，多打粮食多添人。"明显有着祈求庄稼丰收、人丁兴旺的意思。在湖南长沙，人们摘嫩蒿叶、夏枯草、地菜子捣碎和米粉做粑粑吃，俗称"吃青"，吃"艾叶子粑粑"，有"清明吃了青，走路一身轻"之说。可见吃青能够强筋骨，益气力，具有养生保健的意义。

就连平时常见的鸡蛋，在清明节里也变得不同寻常了。山东滨州的一名中学生曾在《家乡的清明》中这样描写有关鸡蛋的习俗：

清明节这一天的早上，母亲们习惯于煮一些鸡蛋给孩子们吃。煮的鸡蛋大都是被染成红色的，有的还被画上娃娃面相，有的笑眯眯，有的泪汪汪，有的怒冲冲，那俏皮样儿令人忍俊不禁。我对于吃鸡蛋实在不感兴趣，只是拿在手里欣赏把玩。母亲就哄我说："不吃怎么行呢？吃了鸡蛋，眼睛才会又大又亮。"于是我不情愿地吃了两个，而且只吃嫩白的蛋清，剩下蛋黄。母亲就又劝道："蛋黄里含有丰富的铁，对身体大有好处，不吃怎么行呢？"于是我又不情愿地吃了一个蛋黄。剩下的熟鸡蛋就装在口袋里，玩够了，尔后送给伙伴。

在这里，鸡蛋不仅被打

清明节染蛋

| 驴打滚 |

| 艾窝窝 |

| 糖耳朵 |

| 各种小吃 |

扮成各种模样，还能让眼睛变得"又大又亮"，真是有趣！

在个别地方，一些饮食活动还具有时间提醒的意义。比如湖南龙山捞车村的村民习惯在清明节吃猪脑壳，所谓"清明酒醉，猪脑壳有味"，它提醒人们最美味的猪脑壳肉都吃完了，就不能再游玩了，应该储存体力开始新一年的农耕。

不同地方的清明节食品花样繁多，意义各别，却也有一个共同的特点，就是大多数食品可以冷食，这在20世纪之前尤其突出。清朝顾禄的《清嘉录》中记载江苏苏州的清明食俗说："今俗用青团，红藕，皆可冷食。"老北京有寒食十三绝，即驴打滚、艾窝窝、糖耳朵、糖火烧、姜丝排叉、焦圈、馓子麻花、豌豆黄、螺丝转儿、奶油炸糕、硬面饽饽、芝麻酱烧饼和萨其马，也是清明的节令习俗。清明时节之所以吃冷食，根源还在于清明节与寒食节的复杂关系。伴随着清明节的兴盛，寒食节的寒（冷）食习俗转移到清明节中了。

五、清明前后，点瓜种豆：农事习俗

清明是二十四节气之一，此时，气温升高，雨量增多，正是春耕春种、植树造林的大好时节。所以节日里也有不少与农事相关的习俗活动和文化积淀。大致说来，主要有以下内容：

1. 占岁

俗话说："春雨贵如油。"春天的雨水对于农作物的生长具有十分重要的作用，人们常常根据清明节的雨水状况来预测庄稼将来是否丰收。一些地方的人们相

| 春耕 |

信，如果清明节这天下雨，就预示将来能够丰收，所谓"雨打坟头钱，今岁好丰年"。但更多的地方相信清明这天下雨不利于庄稼生长。比如在江西就有谚语说："麦吃四时水，只怕清明连夜雨。"又福建也有类似的谚语："清明要明，谷雨要雨。"

在浙江诸暨一些地方，

过去还有在清明节做粉窝预测雨水多少的习俗。这天做粉窝十二枚，如果是闰年就做十三枚，一枚代表一个月份。将粉窝口朝上放在锅里蒸熟后，根据粉窝中水的有无和多少加以判断，如果无水那么该月就无雨，有水就有雨，水多就雨多，水少就雨少。不过，这种做法是否真的准确，就不得而知了。

现在由于农业科技水平的提升，气象学的发达，占岁习俗已经变得不再重要了。

2. 与养蚕有关的习俗活动

我国是世界上最早养蚕的国家。清明节举行一些活动以帮助蚕宝宝顺利生长吐丝、蚕业丰收，是养蚕之乡的风俗习惯。这些活动主要

| 马头娘的故事 |

有祭蚕神、襄白虎、挑青、请蚕猫等。

（1）祭蚕神

蚕神是民间俗信掌管蚕的生长和吐丝、保佑蚕旺茧丰的神灵。不同地方的蚕神不同，其中最著名的是嫘祖、蚕花五神和马头娘。传说嫘祖是黄帝的正妃，是她教会了人们养蚕织丝。蚕花五神也叫五花蚕神，长相奇特，三眼六臂，上两手高举过头，一手托日，一手托月；中间两手一手抓茧，一手抓丝；下两手合于腹部，捧一摞蚕茧。至于马头娘，相传是一个马首人身的少女。

关于马头娘，民间还有一则这样的传说：古时候有户人家，父亲外出多年，家中只有一女和一匹公马。女儿常常思念父亲，一天她

|北京先蚕坛|

对马说："你若能把我父亲接回来，我就嫁给你。"没想到那马真的挣断缰绳，出去把女孩的父亲接回了家。后来父亲知道了女儿对马的承诺，可是女儿怎么能嫁给一匹马呢？于是就将公马射死，并剥下马皮，晒在院子里。有一天，女孩正在马皮边玩耍，马皮突然从地上跃起，把女孩卷上桑树，共同化作了会吐丝的蚕。

蚕乡的人们多相信蚕神能够保佑蚕业丰收，所以每年清明节的时候，就会祭祀蚕神。

（2）禳白虎

蚕乡的人们认为白虎是蚕的灾星，为了禳除白虎，人们会在清明节用面做成"白虎"，晚上扔到路上，叫作"送白虎"。病蚕俗称"青娘"，清明节吃螺蛳，叫作"挑青"。晚上将"挑青"后的螺蛳壳撒到屋上，叫作"赶白虎"。

（3）请蚕猫

老鼠吃蚕，所以养蚕人家常在蚕房中放置蚕猫以避鼠害。蚕猫有泥制的，也有纸印的，可以贴在墙上，或者糊在蚕匾下面。"请蚕猫"通常是到清明前后举行的庙会上，据说庙会上请来的蚕猫更灵验，不仅能避鼠害，还能避许多恶气。

3.采新茶

我国是茶的故乡，饮茶之风遍及全国。清明茶是清明时节采制的茶叶嫩芽，是新春的第一出茶，色泽绿翠，叶质柔软，是茶叶中的佳品。过去种茶多的大户人家，每到清明前后就会雇佣茶工帮助采茶。茶工们往往遭受残酷的剥削，生活十分艰苦，有一首茶歌唱道：

想起崇安无走头，半夜三更爬上楼。

三捆稻草打官铺，一杖杉树作枕头。

想起崇安真可怜，半碗咸菜半碗盐。

| 螺蛳 |

| 明前茶 |

茶树角兜赚饭吃，灯火脚兜赚工钱。

清明过了谷雨边，想起崇安真可怜。

日日站在茶树边，三夜没有两夜眠。

当然，这样的苦难如今已经烟消云散了。

4. 饭牛

清明过后，农事开始繁忙，牛的使用也频繁起来。过去在山东许多地方，有饭牛的习俗，即清明节这天给牛喂一顿好吃的，比如小米稀饭、菠菜汤、高粱米饭、玉米面饼子等。民间有谚语记载这一习俗，比如"打一千，骂一万，熬到清明喝稀饭。""打一千，骂一万，清明节下吃干饭。"等等。

5. 植树

清明节适宜植树，1915年，当时的北洋政府曾将清明节定为植树节，号召大家开展植树活动。后来为了纪念中国近代伟大的民主革命先行者孙中山先生，将植树节改为他的逝世日——3月12日。1979年2月23日，中华人民共和国的植树节也定在这一天。但是不少地方的人们仍然选择在清明节植树。还有的人将植树和清明扫墓结合起来，久而久之，坟墓周围就有了茂密的树木，不仅有效地保护坟墓，还保护了生态环境。

6. 清明农谚

农谚是与农业生产、生活相关的谚语，是劳动人民在长期生产实践中积累起来的经验结晶。历史上围绕清明节形成了不少脍炙人口的农谚。有些描述清明与气候变化的关系，如"清明断雪，谷雨断霜。""清明雨渐增，天天好刮风。"；有些描述清明与物候的关系，如"春分后，清明前，满山杏花开

| 植树 |

不完。""清明江河开，谷雨种麦田。"；有些根据清明节当天的天气状况对农业的丰歉进行判断，如"清明前后一场雨，强如秀才中了举。""清明动南风，今年好收成。"；有些表示清明节与农业生产活动之间的关系，如"清明一到，农夫起跳。""清明前后，种瓜点豆。"等等。

清明农谚音律和谐，形式动人，富有生活气息，是长期生产经验的归纳与总结，对农业生产具有较大的指导作用，是中华民族珍贵的文化遗产，值得我们代代传承。

清明节的文化内涵

清明节的文化内涵

节日是有意义的日子，蕴藏着丰富的文化内涵。节日的意义总是包含在节日的习俗活动当中。通过清明节的诸种习俗活动，可以发现它的文化内涵主要包括以下三方面：

一、感恩情怀

感恩，包括两层含义：一是知恩，即一个人能够从内心意识到并记住他人对于自己的恩惠和帮助，并生发出感谢之情；二是图报，即有回报别人恩惠的心愿和责任感，并努力体现于实际行动上。古人云："知恩图报，善莫大焉。"知恩图报，是人间最大的善行。

感恩之所以重要，是因为我们生活在这个世界上，需要依靠大自然的赐予，需要人和人之间的互相搀扶。只有形成得到与付出的良性

|二十四孝之董永卖身葬父|

循环，一个人才能和其他人建立起良好的互助合作关系，社会才能有序运行，人类和大自然才能和谐相处。

清明扫墓，是感恩的仪式。人们用祠堂祭拜、坟前祭拜、培修坟墓、烧纸钱、奉鲜花等多种方式来表达感恩之情。清明节，我们感恩父母和祖先。父母之恩，恩重如山。对于父母的恩情，子女需要用"孝"来报答。孝就是父母活着的时候好好敬养，让他们心情愉悦；父母去世了，要好好安葬他们，

并定期纪念他们。清明扫墓就是定期纪念。除了父母，也要祭扫先人，因为他们是我们血脉的来源。我们还要祭扫那些历史上做出突出贡献的人们，因为他们是灿烂文化的创造者，是民族和国家尊严的维护者，是我们幸福生活的根本。

人活在世上，应该懂得感恩，应该有感恩情怀。感恩情怀会将一个人导向对他人的尊重、关爱和宽容，并有利于社会的和谐与共荣。然而，感恩情怀并非生而有之，在很大程度上要依靠后天的培育。清明节以其特有的祭扫活动，让活着的人缅怀逝者的功劳与业绩，让自己体会所受到的恩惠，并由此激发、强化了报答之心。所以，清明节的扫

| 清明扫墓 |

墓活动，不仅是感恩情怀的体现，还是培育感恩情怀的重要时机。

二、生命意识

生命意识是每一个人对生命的自觉认识，包括生存意识、安全意识和死亡意识等。人类难以逃脱死亡的命运，这是中国人很早就认识到的生命现实。基于这个现实，中国人表现出了乐观积极的人生态度。其一，看重生存价值，认为生命短暂而宝贵，必须珍爱生命。其二，尊重逝去的生命，慎终而追远。其三，努力超越生命的短暂，追求不朽。这种态度引发了清明节习俗活动的生成，并在清明节习俗活动中得以体现。

珍爱生命的一个表现是积极享受生活之乐，欣赏生命之美。清明时节，生机盎

| 珍爱生命 |

然，溪畔枫杨的爆芽，河边柳枝的抽绿，园里红杏的初绽，筑巢燕子的呢喃，都召唤人们投入大自然的怀抱。踏青习俗就是对自然生命的热切关注和对生命之美的欣赏。其他活动，如荡秋千、放风筝、斗鸡、踢球、踢毽子等，同样是对生命力的展现和张扬。

珍爱生命的另一个表现是呵护新生，对于新生命、新成员表现格外的关爱和重视，积极为其被家庭、社会所接纳创造条件。比如晋南过清明节要给孩子蒸"指望馍"，表示对新生命的期望和祝福。

人的一生不仅包括有尊严地生，也包括有尊严地死和死后被有尊严地对待。中国人不仅珍爱活着的生命，而且尊重逝去的生命。清明节的祭祖和祭先贤、革命烈士，既有对他们的感恩，也有对生命本身逝去的缅怀与悼念。尤其一些人还会祭祀没有血缘关系的普通人。比如近些年来，每到清明节，都有许多人自发纪念在唐山大地震、汶川大地震等自然灾害中丧生的人们，体现了一种普遍的终极关怀。

生命是美好的，但终免不了凋落。尽管如此，中国人仍然顽强地保持着生命可以延续以至不朽的信念，并积极寻找实现的路径。路径之一便是血脉的传递。这使得中国社会特别注重家族的人丁兴旺以及子孙对祭祖扫墓仪式的参与。"有后人，挂清明；无后人，一光坟"。清明是否有人扫墓成为判定生命是否延续的一个标准。重要的路径之二，便是从事立德、立功、立言的"三不朽"事业。一个人的肉身虽然不在了，但是他或因为高尚的品德，或因为拯厄除难的功业，或因为提出了重要的观点学说而被后人铭记在心、彪炳史册，同样可以永垂不朽。这使得中国人具有较强的生命担当意识和杀身成仁、舍生取义的牺牲精神。

"苟利国家生死以，岂因祸福避趋之"和"人生自古谁无死？留取丹心照汗青"所表述的正是这样的生命意识。清明节对先贤、革命先烈的祭扫怀念，是感恩，也是对这种生命意识的肯定与赞扬。

珍爱生命、慎终追远、追求不朽的生命意识在清明节的习俗活动中得到充分体现，而对清明节众多习俗活

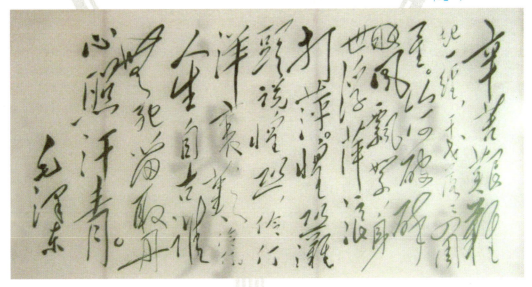

｜文天祥《过零丁洋》【毛泽东书】｜

动的参与，则是一种自然的生命意识教育过程。清明节，是生者与死者的对话。扫墓让生者在当下想起死者，意识到在连绵不绝的生命链条上，自己只是其中的一环。清明节，还是对死亡和生命的并置，它将"向死而生"的矛盾赤裸裸摆开了给人看，身处其间，人们必然思考"该怎样活着"的深刻问题。清明节，还是对普通死亡和高尚死亡的并置，普通逝者得到怜惜，高尚逝者得到咏赞。面对着"烈士丰碑

何巍峨……民族精英永不磨"的咏赞，对生命价值的思考以及生命担当意识也会在一个人心中油然而生。

三、应时精神

中国人讲究顺天应时，循时而动，既意味着人要尊重自然规律，顺应外部环境；又意味着人要发挥自己的能动性，借助自然之力来实现自身的圆满。清明节的诸多习俗活动体现了中国人的这种应时精神。

首先是尊重自然规律，不误农时。清明节正是春耕春种、养蚕采茶的大好时节。此时我国不少地方都有与农事相关的习俗活动，如占岁、饭牛、采茶、植树、祭蚕神、禳白虎、请蚕猫等，都有因时制宜的内涵。至于清明农

| 文天祥像 |

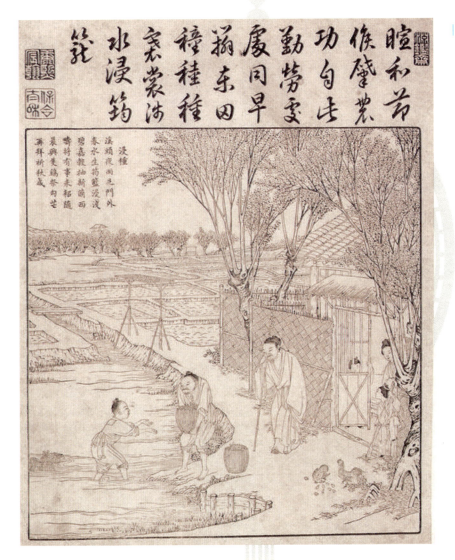

| 耕织图 |

谚，更揭示了人们对不误农时的要求。

其次是借助自然之力，实现自身的圆满。比如插柳、戴柳习俗，是人们希望通过和柳的接触，将其旺盛的繁殖力和生命力转移到自己身上，让自己能够像柳树一样生机勃勃。清明节的许多饮食，要么寄托着人们对农业丰收、生活康宁的美好诉求，要么可以补阳气、益精气、强筋骨，切实具有祛病强身、延年益寿的重要作用。

总之，清明节作为一种独特的时间设置和社会安排，具有十分丰富的习俗活动和深厚的文化内涵，在人们的日常生活中发挥着重要的社会功能。它以其特有的方式显示着，也延续着中国人在处理人与自然、人与国家、人与社会、人与家庭、人与自我、生者与死者、熟悉者与陌生者等各种关系方面的原则和智慧，反映着也传承着中国人刚健有为、崇德利用、天人协调、重伦理，尚人情的基本文化精神，培养、维系、强化着人们的认同感与归属感，在民族、国家、地方、家族、家庭等多个层面上汇聚人力、凝聚人心。

图书在版编目（ＣＩＰ）数据

清明节 / 张勃编著. -- 哈尔滨 ： 黑龙江少年儿童
出版社，2017.12（2021.8重印）
　（记住乡愁 ： 留给孩子们的中国民俗文化 / 刘魁立
主编）
　ISBN 978-7-5319-5608-2

　Ⅰ．①清… Ⅱ．①张… Ⅲ．①节日－风俗习惯－中国
－青少年读物 Ⅳ．①K892.1-49

中国版本图书馆CIP数据核字(2017)第328118号

记住乡愁——留给孩子们的中国民俗文化

清明节 QINGMINGJIE

刘魁立◎主编

张　勃◎编著

出版人：商　亮
项目策划：张立新　刘伟波
项目统筹：华　汉
责任编辑：郜　琦
整体设计：文思天纵
责任印制：李　妍　王　刚
出版发行：黑龙江少年儿童出版社
　　　　　（黑龙江省哈尔滨市南岗区宣庆小区8号楼 150090）
网　　址：www.lsbook.com.cn
经　　销：全国新华书店
印　　装：北京一鑫印务有限责任公司
开　　本：787 mm×1092 mm　1/16
印　　张：5
字　　数：50千
书　　号：ISBN 978-7-5319-5608-2
版　　次：2017年12月第1版
印　　次：2021年8月第3次印刷
定　　价：35.00元